AF453705

LA

VÉRITÉ AUX FEMMES

SUR

L'EXCENTRICITÉ DES MODES

ET DE LA TOILETTE.

PROPRIÉTÉ.

LA
VÉRITÉ AUX FEMMES

SUR

L'EXCENTRICITÉ DES MODES

ET DE LA TOILETTE,

PAR

LE CHEVALIER A. DE DONCOURT.

PERISSE FRÈRES, LIBRAIRES-ÉDITEURS,

PARIS,	**LYON,**
NOUVELLE MAISON,	ANCIENNE MAISON,
RUE SAINT-SULPICE, 38,	RUE MERCIÉRE, N° 49,
Angle de la place.	et rue Centrale, 60.

1858

LA
VÉRITÉ AUX FEMMES

SUR

L'EXCENTRICITÉ DES MODES

ET DE LA TOILETTE.

« La parole a été donnée à l'homme pour déguiser sa pensée, » a dit un illustre diplomate. Cette définition, grâce à Dieu, souvent paradoxale, n'est vraie d'une manière absolue que lorsqu'il s'agit du langage des hommes à l'égard des femmes.

Oui, Mesdames, on vous encense, on vous adule, mais on vous trompe. Les hommes vous croient frivoles, légères, et ils vous traitent en conséquence. Ils veulent conquérir vos bonnes grâces, et comme ils savent que

1.

toute vérité n'est pas bonne à dire, ils ont garde de se hasarder sur ce terrain périlleux.

Souffrez que nous ayons plus de courage, souffrez que nous prenions au sérieux votre dignité et que nous osions vous faire entendre *la vérité*. La galanterie y perdra peut-être, mais, croyez-le, votre intérêt y trouvera son compte, et tout au moins, si Dieu veut que quelques-unes d'entre vous nous entendent, les philosophes et les critiques ne pourront plus affirmer que le raisonnement est impossible avec *vous* lorsque votre vanité est mise **en jeu.**

Peut-être parfois mes paroles seront sévères, mais elles seront toujours bienveillantes et respectueuses. La vérité ne sortira jamais de ma plume que comme du puits de la fable ; mon courage d'ailleurs doit vous prouver mes bonnes intentions : un ami peut seul s'exposer à froisser certaines illusions, à rompre en visière avec de vieux préjugés, dont les plus jeunes et les plus jolies d'entre vous se font les *plus ardents défenseurs,* les soutiens les plus intrépides. Ainsi, par exemple, parler des ridicules de la mode, n'est-ce pas s'exposer à soulever de sérieuses colères, et, par conséquent, vous donner la meilleure preuve possible de dévouement vrai, d'admiration sincère ?

I.

Un coup d'œil sur l'histoire de la mode en France.

Etrange aveuglement de notre époque ! les femmes ont des prétentions aux bonnes mœurs, et elles ne voient pas que la mode se charge de démentir ce que voudrait faire croire leur langage. Elles affectent de la sévérité de principes, elles jouent à la pruderie, et elles oublient sur quelles traces elles osent marcher. Qu'elles l'apprennent donc, si elles ne le savent pas. Ce fut sous le règne de cette Isabeau de Bavière, qui n'eut rien de son sexe, pas même le nom, que pour la première fois en France les femmes se permirent la nudité du sein et des épaules. (*Voyez* M. de Ségur, *Galerie morale.*)

Après toutes les époques de corruption, nous voyons la réforme du vêtement préoccuper tout d'abord le législateur. Henri IV, dont la sévérité de mœurs n'était certes pas irréprochable, n'eut rien de plus pressé cependant que de corriger l'excès où Catherine de Médicis avait porté la magnificence de la mode ; il ramena en France la simplicité et le bon goût, ne permettant les riches vêtements qu'aux *courtisanes*; de là le proverbe : « Bonne renommée vaut mieux que ceinture dorée. »

Après lui, les modes se conservent décentes jusqu'au moment où la licence de la régence vient ouvrir une voie nouvelle au luxe et permettre aux femmes de tout oser sans rougir.

Mais voici que la révolution a détrôné Dieu et son culte; la femme, livrée à l'impiété et n'ayant conservé de sa gloire passée que le désir de plaire, ne songe qu'à réveiller dans le cœur des hommes les passions les plus sensuelles. Pour cela, savez-vous ce qu'invente la

mode? elle essaie de la transparence des vêtements, et cherche à rappeler cette robe antique
qu'on nommait *toga vitrea*, tunique de verre.

Mais, grâce à Dieu, la morale publique n'é-
tait pas encore assez complétement faussée
pour que la pudeur et le bon sens ne fissent
prompte justice de ces réminiscences des costumes de la voluptueuse Athènes. Quelque
belles qu'elles fussent, les femmes qui avaient
fait cette tentative furent justement flétries, et
la mode, vaincue et honteuse de son essai, dut
rentrer sous l'empire des convenances, surtout lorsque, les autels s'étant relevés parmi
nous, la femme, avec le bienfait de l'instruction
chrétienne, apprit à connaître ses devoirs et
à comprendre sa dignité.

Et depuis ce moment la pratique religieuse
n'a cessé de faire des progrès. A voir se presser
dans nos églises cette foule recueillie de femmes
de tout âge, de toute condition, on se sent
convaincu du triomphe de la religion. Pourquoi
faut-il qu'une simple apparition dans les salons,

le-soir, détruise cette impression et jette dans l'âme la plus vive anxiété, en nous prouvant que les femmes pauvres, celles que les grandes dames appellent les *femmes du peuple,* sont seules conséquentes avec elles-mêmes ! Elles n'oseraient pas adopter l'indécent costume des *femmes comme il faut,* qui ne s'habillent plus, mais qui se déshabillent pour aller dans le monde : et cependant, le bon sens dit que l'exemple doit partir de haut.....

L'Évangile nous apprend qu'on ne peut servir deux maîtres à la fois : comment se fait-il que ces mêmes femmes, si pieusement prosternées le matin au pied des autels, sacrifient aussi passionnément le soir à l'idole de la mode et, oubliant leur dignité et les intérêts de leur gloire, les épaules nues et le visage fardé, affichent un luxe insensé, laissant douter de leur vertu en même temps que de leur esprit, et inspirant aux hommes étrangers à notre civilisation la plus étrange idée de nos mœurs? A ce sujet, qu'il nous soit permis de rappeler ici un fait bien éloquent, et qui doit faire rougir les femmes du monde.

Son authenticité ne peut être révoquée en doute. Nous l'avons entendu citer par Son Éminence le cardinal Donnet dans une instruction pastorale, un jour de confirmation.

Abd-el-Kader venait d'arriver à Bordeaux, et le général commandant la division, désireux de lui faire les honneurs de la ville, fit préparer pour lui une brillante représentation au grand théâtre. Les belles et élégantes Bordelaises rivalisèrent de toilette et de luxe, et lorsque l'Émir entra dans sa loge, la salle était déjà pleine, et autour de lui brillait, aux lumières du lustre, une triple guirlande de femmes, de diamants et de fleurs. L'Émir fut un instant ébloui, et assurément il eût déclaré n'avoir jamais vu plus ravissante réunion, si toutes les femmes n'eussent été en costume de bal..... L'admiration d'Abd-el-Kader ne résista pas à cet aspect ; et se tournant vers le général : — Comment, lui dit-il, au sein de votre civilisation si vantée, les

femmes osent-elles se montrer ainsi ? Quant à
moi, souffrez que je me retire.

La retraite de l'Émir change l'opéra en
drame : toutes les belles dames sont désolées,
confuses..... non de la leçon, qu'elles ne veulent
pas comprendre, mais de la pensée que tant
de peine et de soins ont été perdus. Et elles
sont chrétiennes, et elles ne rougissent pas de
voir un musulman mieux comprendre, mieux
respecter qu'elles les saintes lois de la pudeur !....

II.

Appel aux femmes qui se respectent.

Que les femmes auxquelles nous nous
adressons, que les femmes honnêtes ne croient
pas que nos jugements soient le résultat d'une
impression personnelle inspirée par un parti
pris de critiquer, de blâmer quand même ;
qu'elles récusent même notre compétence
si bon leur semble ; nous effaçons volontiers
notre propre opinion pour nous appuyer sur
le jugement d'écrivains et de critiques que l'on
n'accusera pas *d'intolérance religieuse*. Nous
condamnerons l'immodestie de la toilette, les
folies de la mode, les excentricités du luxe par
les aveux mêmes du monde. Et pour com-
mencer à convaincre nos lectrices, nous cédons
la plume à un critique célèbre.

III.

Excentricité de la mode.

« On voit, dit-il, à l'étalage de tous les marchands de nouveautés, des étoffes d'une richesse à laquelle trop souvent on sacrifie le bon goût. Quelques-unes des robes d'or qu'on étale ont en effet plutôt l'air d'être destinées à des danseuses de corde et à des écuyères du cirque qu'à des femmes du monde. De cette façon les femmes qui n'ont pas de beauté portent au moins dans les salons de la magnificence ; elles se rattrapent même sur l'étendue ; une jolie robe n'occupe qu'un espace restreint, une belle robe doit avoir six fois la hauteur du visage ; mais si vous calculez sur l'étoffe de la robe étendue, le visage ne devient qu'un point dans l'espace (1).

« Ce n'est pas cependant que l'on néglige d'orner le visage ; je dirai même que l'on va un peu loin. Jamais peut-être les femmes ne se sont peintes avec tant de hardiesse qu'aujourd'hui. Il en est beaucoup qui sont à la fois *peintre, original* et *portrait*..... Le visage ainsi peint est comme vêtu, et l'on pourrait dire à une femme : — Madame, déshabillez un peu votre figure, que l'on voie si vous êtes jolie. » Tout le monde met du rouge, et pour montrer de la honte et de la pudeur il faudrait qu'une femme devînt violette. « Mais si le visage est

(1) Ceci nous rappelle la piquante réplique d'un évêque invité, l'an passé, à une soirée des Tuileries. Il s'agissait de traverser un salon rempli de dames, et les crinolines occupaient tout l'espace. — Que voulez-vous ! la mode est tyrannique, Monseigneur, dit une des héroïnes de la fête. Nous en subissons les exigences. — Ah ! répondit le prélat avec un fin sourire, vous ne me ferez jamais croire qu'une mode qui vous donne tant d'étoffe pour la jupe, ne vous en laisse pas du tout pour le corsage.

masqué et vêtu, on se rattrape au-dessous ; non-seulement on se décollette beaucoup, mais même on attire l'attention par des mouches placées habilement fort au-dessous du visage. Cette mode est peu décente et de mauvais goût. C'est sans doute pour avoir l'air d'en être honteuse que les femmes ont soin de rougir... au pinceau. »

Voilà l'opinion du monde nettement formulée par un homme d'esprit (1). A ce témoignage laissez-nous ajouter un simple souvenir. Nous avons connu une jeune fille dont les amies remarquaient le matin l'étonnante pâleur, tandis que le soir la foule vantait les roses de son teint.

Il devint bientôt de notoriété publique que la pâleur était l'état normal, et que la fraîcheur provenait des secrets de l'art. Quelques personnes cependant continuaient à douter. Mademoiselle de B... était si pieuse ! et comment

____

(1) Alphonse Karr.

allier des devoirs de religion très-exactement remplis, l'approche fréquente des sacrements, avec des soins si mondains ? Une jeune fille simple, candide et très-bonne défendait surtout avec la plus aimable insistance sa compagne calomniée, assurait-elle.

Celle-ci, dans une conversation intime, prit soin de détromper la charitable enfant. Elle lui avoua qu'elle employait *un peu de rouge,* mais, ajouta-t-elle, cet innocent artifice m'est permis, car il n'a pour motif qu'un excès de tendresse filiale. Je craindrais que ma pâleur n'inquiétât ma bonne mère. » C'est ainsi que le cœur humain est habile à se tromper luimême. Cette jeune fille si tendre, si prévoyante, ne l'était qu'au moment où tout *le monde* devait l'admirer. Elle pensait alors aux craintes de sa mère; elle n'y songeait pas lorsque, seule avec elle, elle devait cependant attirer davantage et plus exclusivement ses regards et son attention.

Voilà comment on parvient à allier les vanités du monde et le service de Dieu. Voilà surtout comment on vous trompe, ministres du Seigneur, vous à qui, moyennant ces subtilités de conscience, on arrache de dangereuses permissions. Défiez-vous des femmes qui vous demandent, sous prétexte de complaire à une mère, à un mari, d'indulgentes mesures; cherchez à lire dans leur cœur, et si vous ne parvenez à les éclairer sur le mobile qui les pousse, du moins ne vous laissez pas abuser vous-mêmes. Soyez convaincus qu'un mari, par exemple, n'impose guère à sa femme l'excentricité du luxe et jamais l'immodestie de la toilette. Il le tolère souvent par amour de la paix ou par indifférence; plus souvent encore on méprise ses avis et ses résistances, mais toujours il en souffre.

Une petite anecdote vous indiquera la prudence qui doit présider à vos décisions en matière de ce genre et répondra à la question de quelques femmes au sujet de la légitimité de l'emploi du rouge.

Une dame, moitié jeune, moitié vieille, moitié dévote, moitié mondaine, ayant un pied à l'église et l'autre au bal, voulant gagner le paradis de l'autre monde tout en mordant au fruit défendu de celui-ci, consulta le spirituel évêque d'Amiens, monseigneur de la Mothe, pour savoir si une femme pouvait, sans *blesser trop grièvement sa conscience*, mettre du rouge.

Le prélat prend l'air sérieux, réfléchit un instant, puis répond : « Madame, vous me proposez là un cas très-grave qui divise les plus profonds théologiens. Les uns, moins sévères, croient qu'à la rigueur une femme mariée peut en mettre quelquefois, si son mari l'exige ; d'autres, plus exacts, pensent que la seule rougeur qui convienne, même à une femme mariée, est celle de la pudeur. Moi, qui n'ai pas assez étudié la question pour la résoudre complétement, je vous permettrai d'en mettre d'un côté. »

Voulez-vous maintenant, Mesdames, écouter sur le ridicule de l'excentricité du luxe et des modes, une femme célèbre? Elle s'adresse surtout aux femmes qui croient *réparer des ans l'irréparable outrage,* en ayant recours aux toilettes à grand effet.

« Une femme sans jeunesse et sans beauté, c'est quelque chose qu'il faut chercher à estimer afin de lui pouvoir offrir un dédommagement ; mais cette vieillesse parée, cette laideur arrogante, ces rides qui grimacent pour sourire voluptueusement, ces squelettes couverts de diamants qui semblent craquer comme s'ils allaient tomber en poussière, ces faux cheveux, ces fausses dents : tous ces faux appas et ces faux airs, c'est horrible à voir (1). »

C'est une femme qui parle, nous n'oserions pas, croyez-le bien, Mesdames, formuler aussi éloquemment notre pensée.

« La première loi de la nature, continue le même auteur, c'est l'harmonie, c'est la beauté. Oui, la beauté est partout, lorsqu'elle est à sa place et qu'elle ne cherche pas à s'écarter des

(1) Georges Sand.

convenances naturelles. La vieillesse est belle aussi, lorsqu'elle ne veut pas simuler et grimacer la jeunesse. Quoi de plus auguste que la noble tête chauve d'un vieillard calme et digne ?

« J'ai dit que le beau c'était l'harmonie, et que, comme l'harmonie présidait aux lois de la nature, le beau était dans la nature. Quand nous troublons cette harmonie naturelle, nous produisons le laid, et la nature semble alors nous seconder, tant elle persiste à maintenir ce qui est sa règle et ce qui produit le contraste. Nous l'accusons alors, et c'est nous qui sommes des insensés et des coupables.

« Il n'y a rien de laid dans la nature. Prenons la nature humaine pour nous renfermer dans un seul fait. On est convenu de dire qu'il est affreux de vieillir, parce que la vieillesse est laide. En conséquence, la femme fait arracher ses cheveux blancs ou elle les teint ; elle se farde pour cacher ses rides, ou du moins elle cherche dans le reflet trompeur des étoffes brillantes à répandre de l'éclat sur sa face décolorée. Pour ne pas faire une longue énumération des artifices de la toilette, je me bornerai là, et je dirai qu'en s'efforçant de faire disparaître les signes de la vieillesse, on les rend plus persistants et plus implacables. La nature s'obstine, la vieillesse s'acharne, le front paraît plus ridé et la face plus anguleuse sous cette chevelure dont le teint emprunté est en désaccord avec l'âge réel et ineffaçable. Les couleurs fraîches et vives des étoffes, les fleurs, les diamants sur la peau, tout ce qui brille et attire le regard, flétrit d'autant plus ce qui est déjà flétri, et puis, outre l'effet physique, la pensée ne saurait être étrangère à l'impression perçue par nos yeux. Notre jugement est choqué de cette anomalie. Pourquoi, nous disons-nous instinctivement, cette lutte contre les lois divines? que ne se contente-t-on de la majesté de l'âge et du respect qu'elle impose? Des fleurs sur des têtes chauves ou blanches! quelle ironie! quelle profanation! Eh bien! cette horreur que la vieillesse fardée répand autour d'elle ferait place à des sentiments plus doux et plus flatteurs, si elle n'essayait pas de transgresser les lois de la nature. Et alors vous diriez peut-être : Voilà un beau vieillard, au lieu que vous êtes forcé de dire : Voilà un vilain vieux. »

Mais l'excentricité de la mode ne connaît point d'obstacles ; elle tente les entreprises les plus folles, les plus impossibles, et souvent elle réussit. N'est-elle point parvenue, Mesdames, à vous transformer en immenses cloches mouvantes par l'invention des crinolines ? Les chapeaux qui coiffaient les épaules et découvraient la tête, l'an dernier, ne donnaient-ils pas à la femme la plus svelte, et de la tournure la plus élégante, l'apparence de la difformité ? Et sans chercher d'autres exemples, n'a-t-elle pas tâché de vous persuader que les affreux vêtements d'homme vous siéraient mieux que les vôtres ?........ Vous vous récriez... Je n'invente rien, cependant : écoutez plutôt M. Alphonse Karr.

« Quelques femmes vont plus loin, dit-il, et

semblent faire des efforts pour se transformer en hommes et en prendre l'aspect. On les a vues sacrifier à cette absurde tentative leur charmante chevelure et se coiffer en cheveux courts comme les hommes. On les voit encore pour monter à cheval joindre à la jupe longue, qui donne tant de majesté, le chapeau qui est la partie la plus laide de l'ajustement masculin ; et depuis quelque temps, d'aucunes ont essayé de mettre des gilets de piqué blanc, des cravates noires et des cols de chemise empesés comme les hommes. Je voudrais bien savoir ce que ces femmes penseraient d'un homme qu'elles rencontreraient au bois de Boulogne trottant à cheval avec des bottes à l'écuyère, des culottes de daim et un chapeau de crêpe à plumes ou un bonnet à fleurs et à rubans. »

Vous le voyez, la mode est une folle déesse qui vous tyrannise et se plaît à vous donner ridicule sur ridicule. Révoltez-vous une bonne fois ; prouvez-lui qu'elle n'a d'autorité que parce que vous le voulez ; rendez-vous esclaves non de son caprice, mais du bon goût et de la décence. Certes, ce serait une bonne, une heureuse résolution, dont nul ne vous blâmerait.

IV.

Les parures sont des aveux.

Lavater devinait les passions du cœur aux rides du visage et le docteur Gall aux bosses de la tête ; tel observateur prétend que le caractère se montre à découvert dans les traits plus ou moins corrects de l'écriture ; un savant illustre enfin a dit : *Le style c'est l'homme.* Sans vouloir, certes, contester aucune de ces observations, nous savons un moyen plus infaillible de juger le cœur et l'esprit des femmes, et ce moyen nous venons ici le révéler à tous. Que nos lectrices donc y prennent garde et que désormais elles soient circonspectes et prudentes dans le choix de leur toilette, car c'est à leur parure que nous conseillons de demander ce qu'elles sont, ce qu'elles pensent, ce qu'elles croient. Cette immense découverte morale, ce secret merveilleux de lire dans les cœurs en analysant le vêtement, c'est une femme qui nous le dévoile.... Décidément le proverbe a raison : *On n'est trahi que par les siens !*

« Par un seul coup d'œil jeté sur la toilette d'une femme, on connaît, dit le spirituel auteur des *Lettres parisiennes,* son caractère, ses goûts, ses manies, ses prétentions, ses sentiments.......

« Depuis le chapeau d'une femme jusqu'à ses souliers, il n'est pas un point de sa toilette qui ne soit un aveu ; la fortune ou la pauvreté n'y changent rien, le petit bonnet de la repasseuse dit toutes ses pensées comme le turban de la duchesse dit tous ses projets. Le regard ment, le sourire est perfide, la parure ne trompe jamais. »

Quelles révélations doivent donc nous faire les robes sans manches et sans corsage de nos femmes à la mode ?... C'est à vous, Mesdames,

que je le demande..... Passez-moi cette digres-
sion, je continue à citer :

« Il est des béguins pleins d'orgueil et des
panaches pleins de modestie.—Expliquez-vous,
nous dira-t-on. — Écoutez donc : ce béguin
est orgueilleux à force de simplicité, car une
femme de millionnaire peut seule porter dans
une brillante soirée cette coiffure, modeste
bonnet de pensionnaire. Ce furieux panache, au
contraire, est plein d'humilité, car la femme
d'un employé à mille écus d'appointement
peut seule avoir le noble courage, pour venir
chez la femme de son supérieur, de s'affubler
de cette toque qui compte des hivers de souf-
france, mais dont l'âge et le ridicule même
trahissent la plus généreuse abnégation, la plus
pure conduite et les plus tendres sentiments.

Ce béguin ne vous disait rien, mais à nous il
tient ce langage : « J'ai un million de rente, le
plus bel hôtel et les plus beaux chevaux de Paris ;
mes diamants ont fait leur effet, mon collier
d'émeraudes est connu, mes opales sont classi-

ques ; j'avais l'autre jour une robe de dentelle qui a fait le sujet de l'admiration de toutes les femmes. Je veux leur prouver que je puis produire beaucoup d'effet dans un salon sans ces merveilles, et que je n'ai pas besoin de tout cela pour être plus jolie qu'elles. » Remarquez, s'il vous plaît, cette ruse qui donne pour complice à la vanité son antidote naturel, la simplicité, et avouez qu'il n'y a qu'une femme capable de deviner et de dénoncer semblable artifice. »

Cette toque vieille mais honnête nous dit : « Je sais bien que cette coiffure est très-laide et qu'elle n'a jamais été à la mode, sous aucun règne : mais qui me regarde ? et d'ailleurs qu'importe qu'on me regarde ? je suis une bonne mère de famille et j'aime mieux acheter une capote neuve à ma petite fille que de beaux chapeaux pour moi. Que le monde est ennuyeux et triste ! quelle corvée qu'une visite de devoir !... » N'avions-nous pas raison de dire : Béguin orgueilleux, panache modeste. La simplicité de l'un n'est-elle pas de l'insolence ? l'étalage de l'autre n'est-il pas, au contraire, de la déférence et du respect ? »

Voilà, Mesdames, comment les femmes nous dévoilent les mystères de vos cœurs : vous récrierez-vous encore sur la sévérité de critique des hommes ?... Cependant, comme, en général, on aime à être jugé par ses pairs, ne vous plaignez pas.

« Voulez-vous, continue le même auteur, savoir à quelle toilette nous reconnaissons les femmes très-dévouées, courageuses, paresseuses, ennuyeuses, menteuses, vaniteuses, vertueuses, heureuses ou malheureuses ? Oui, sans doute ; mais c'est là notre secret, et nous ne disons pas nos secrets. »

Ce secret, beaucoup d'observateurs l'ont trouvé ; mais, pas plus que madame de Girardin, nous ne voulons le divulguer. D'une part, nous craindrions de faire naître l'hypocrisie : quelle femme ne voudrait s'abstenir d'une toilette signalée ? D'autre part, malgré tous les soins, la nature percerait et la parure n'en garderait pas moins ses aveux. D'ailleurs, nous ne voulons ici dénoncer personne ; bien loin de là : notre unique but est d'empêcher les femmes de se trahir elles-mêmes. Qu'elles sachent donc bien que, puisque la parure a son langage, il est essentiel qu'elles règlent si bien leurs pensées, leurs désirs, que robes et écharpes puissent jaser à l'aise sans que cette indiscrétion soit à craindre.

V.

La toilette doit être en harmonie avec les circonstances.

Si les aveux de la parure ne trompent jamais, il est évident que ce langage doit être en harmonie, non-seulement avec la pensée intime, avec le caractère, les tendances de l'âme, les habitudes, mais encore avec certaines circonstances de la vie où tout acquiert une signification particulière. Ce sera encore une femme qui vous développera, Mesdames, cette délicate matière, non point sous la forme de critique, mais sous celle moins acerbe sinon plus aimable de conseil.

« Je ne vous engagerais pas à aller visiter vos

pauvres avec une toilette recherchée, des étoffes de couleur voyante, des bijoux, des dentelles. Ne craindriez-vous pas que ce luxe ne détruisît une partie du bien que vous vous proposez ?... Je n'aime pas non plus une toilette à effet à l'église. Il me semble que lorsqu'on va s'incliner aux pieds du Seigneur pour y reconnaître sa faiblesse, il est peu séant de se couvrir des signes extérieurs de la vanité et de l'orgueil (1).

« Allez-vous consoler une amie dans le deuil et dans la tristesse ? que vos vêtements soient sombres et modestes, afin qu'ils ne donnent

(1) Un auteur qui n'est pas suspect en cette matière, et qu'il est impossible de soupçonner de rigorisme, a fait cette remarque : « Les femmes mondaines ont une singulière religion : c'est le dimanche, en grande parure, qu'elles font à Dieu, dans ses églises, une visite de cérémonie à l'heure où tout le monde y va; et où elles espèrent bien ne pas rencontrer le maître de la maison; alors chacune, sous prétexte de prier Dieu, ne néglige aucun moyen de le faire oublier aux autres. Par la parure, par les attitudes, on s'efforce d'attirer la pieuse attention des fidèles et de les damner en leur faisant adorer des idoles.

pas un démenti à vos protestations de sympathie.

« Est-ce, au contraire, une amie malade qui vous appelle à son chevet? que vos vêtements n'affectent point une apparence de deuil, que tout votre extérieur soit gai et riant, et qu'elle ne trouve dans vos paroles qu'un intérêt bien tendre et bien affectueux mêlé à la tranquillité la plus complète.

« Les visites de noces, de présentation, réclament du soin dans la parure. Il serait peu convenable, en effet, pour les personnes auxquelles vous auriez fait ces sortes de visites, que vous vous montriez plus parée dans des circonstances moins importantes.

« Comme maîtresse de maison, et quel que soit le degré de luxe que vous aurez été forcée d'adopter, vous ne devez jamais vous écarter, lorsque vous recevez, de la plus grande simplicité. Ne serait-ce pas un manque de tact impardonnable que vous, maîtresse de maison, vous éclipsiez, par votre parure, les autres femmes?... Vous devez donc faire de telle sorte que vous soyez assurée d'avoir, dans tous les cas, la toilette la plus simple. »

Nous terminons ce paragraphe par un dernier conseil emprunté aux *Délassements permis*.

« Jamais vous ne serez plus respectées que lorsque, vous voyant plus occupées de vos devoirs que de votre luxe, les hommes perceront ces modestes dehors, pour rendre hommage à la grandeur réelle qui sera tout en vous, à cette grandeur de l'âme que la simplicité leur décèle toujours et que la parure la plus humble ne peut même réussir à voiler de toute sa modestie.

VI

Ce que disent les hommes.

Ah ! si les femmes savaient combien les hommes sont habiles à recueillir ces aveux de la parure, dont nous venons de parler, combien elles auraient de prudence et de circonspection !... Si elles entendaient les confidences qui s'échangent à la sortie d'un bal, sous le péristyle d'un théâtre, sur les chaises des Champs-Élysées et des Tuileries, où de brillants admirateurs, en apparence, viennent les passer en revue. Combien d'entre elles maudiraient ce luxe qui les fait critiquer, cette immodestie qu'elles croient un charme de plus, et qui porte à les soupçonner et à les mépriser !

« — Défiez-vous des femmes qui avec une fortune médiocre ont des diamants magnifiques, dit l'un, vous ne savez pas ce qui leur en coûte pour arriver à cet éclat ; » et il trace le portrait suivant : « Elles se privent de tout, elles ont une cuisinière pour femme de chambre, un domestique hebdomadaire pour frotter leur appartement, et un mari, facticement nourri de pommes de terre et de haricots, pour leur donner la main et les mener dans le monde couvertes de leurs diamants. « Vous avez là une superbe agrafe, leur dit-on, ces diamants sont d'une bien belle eau. — J'aimerais mieux de bon vin » dit le mari. On prend cela pour une plaisanterie vulgaire, mais on rit par politesse. Puis, « les haricots sont bien indigestes, » ajoute-t-il en soupirant, et l'on n'y comprend plus rien. — Nous qui connaissons les misères de cette splendeur, nous vous les expliquons...

Un esprit novice et candide refuse de croire à une semblable aberration d'esprit ; il doute, on veut le convaincre ; un homme grave et

sérieux prend la parole à son tour. — « Tout
cela n'est que trop vrai, dit-il, et je connais
des femmes n'ayant qu'un médiocre revenu
qui s'imposent plus de privations pour avoir de
belles robes, qu'aucun religieux solitaire ne
s'en est jamais imposé pour gagner le ciel; elles
vont même jusqu'à faire mourir de faim un
mari et des enfants, avec un courage et un dé-
tachement des affections naturelles qui rap-
pellent Brutus sacrifiant son fils. » On rit de
la comparaison, plus juste cependant et plus
exacte qu'on ne pense....

Je voudrais, dis-je, que les femmes en-
tendissent ces conversations que je n'oserais
leur répéter ; je les respecte trop pour leur
faire entendre les vérités sévères que les hommes échangent à ce sujet. Je me borne à les
engager à descendre un peu dans leur conscience, qui leur dira mieux que moi ce qu'on
peut penser et..... dire de la folie de leur luxe,
de l'excentricité de leur parure, et surtout de
cet inqualifiable usage, qui les expose aux

regards d'hommes étrangers dont elles ne connaissent ni les mœurs, ni les habitudes, dans un état dont elles auraient honte, seules vis-à-vis d'elles-mêmes. A ce sujet voici un aveu bon à enregistrer.

« Voyez la puissance de l'usage, me disait une femme de mes amies ; pour rien au monde, je n'oserais rester dans mon salon l'après-midi dans un de mes costumes de bal ; mais vienne le soir, que les flambeaux de ma toilette s'allument, je trouve tout naturel ce qui m'inspirerait de l'effroi et de la honte à la clarté du soleil. »

Singulière conscience, Mesdames, avouez-le, que celle qui suit ainsi la marche des astres.

Encore un mot, un conseil : « Qu'une femme paraisse très-parée dans un salon, que ses ajustements riches, somptueux, de bon goût effacent à l'instant ceux de toutes les autres femmes, il lui semble que rien ne manque à son bonheur, et son visage s'embellit de l'idée de ce précieux triomphe. Il faut cependant avertir

les femmes d'une chose à ce sujet : c'est qu'il
suffit à une femme d'avoir une robe nouvelle
ou un chapeau neuf, pour que toutes les
autres femmes soient prêtes à accepter comme
chose prouvée et incontestable, et à propager
avec empressement, toute calomnie qu'il plai-
rait à n'importe qui d'inventer sur elle ce
jour-là.

Pour peu, Mesdames, que vous sachiez par
expérience ce que vaut la jalousie de femme à
femme, la menace que renferment ces lignes ne
vous semblera pas à dédaigner, et vous com-
prendrez tout ce que contiennent, dans notre
pensée, ces mots inscrits en tête de ce paragraphe : Ah! *si les femmes savaient!* ou, pour
être plus vrai, car elles savent toutes : Ah !
si les femmes voulaient comprendre!

VII.

Voulez-vous être toujours jeunes et belles ?

N'allez pas, Mesdames, me prendre pour un nécromancien. Non, en vérité, je suis trop bon catholique pour me mêler de sorcellerie et je ne veux même croire ni à la fontaine de Jouvence, ni au mérite douteux des cosmétiques de beauté. Dieu seul tient le temps en sa main, et nul ne peut en retarder la marche, en empêcher les ravages. Votre jeunesse, votre beauté passeront, n'en doutez pas, malgré tous les secrets du monde ; seulement, il est en votre pouvoir de conserver pour l'arrière-saison de votre vie comme un doux reflet, qui entourera votre vieillesse d'un charme indicible, et vous laissera en réalité, et malgré les outrages du temps, toujours gracieuses et aimables. Vous le voyez, je ne fais pas de charlatanisme, je vous donne mon secret pour ce qu'il vaut ; c'est d'ailleurs bien suffisant comme cela et vous seriez bien difficiles si vous demandiez plus : la grâce n'est-elle pas la véritable jeunesse, l'amabilité, la véritable beauté ?... J'entends mes lectrices, comme autrefois les députés fatigués des lenteurs d'un discours, s'écrier avec impatience : A la question ? A la question !

Certes, elles ont raison, la question en vaut la peine ; voici donc ce fameux secret, ce n'est pas moi qui l'ai découvert, je cite seulement : « Aujourd'hui, dit un philosophe moderne qui n'a pas toujours malheureusement assez respecté la religion, l'existence des femmes finit où finissent les hommages ; leur jeunesse est un règne, leur vieillesse un abandon ; cependant, ces années si longues et si tristes pourraient devenir des années d'enchantement. Il y a une puissance supérieure à celle que donne la beauté, c'est celle que procure l'accomplissement éclairé d'un devoir. Voilà un moyen d'être toujours *jeune* et *belle* qui mérite bien d'être essayé. Ce n'est pas tout encore : une femme qui, environnée de sa famille, s'instruit pour l'instruire, qui élargit son âme pour exercer toute son influence, devient, par ce seul fait, inaccessible à la séduction. Les prévisions de la Providence sont pleines de grâces. Elle a placé dans le cœur de la mère la source des vertus de l'enfant, et, par un doux retour, elle veut que l'innocence de l'enfant soit la sauvegarde de la sagesse de la mère (1). »

Plus loin, le même auteur complète sa pensée par les lignes suivantes :

« Ce sont toujours les beautés morales qui nous émeuvent même dans la beauté physique.

« Les physionomies les plus communes peuvent devenir d'une beauté divine sous l'inspiration d'un sentiment généreux, et les beautés

______

(1) Aimé Martin.

les plus parfaites se dégrader sous l'impression d'une passion basse et malfaisante.

« On peut en conclure que la véritable coquetterie doit parer l'âme avant le corps, parce que c'est l'âme qui perfectionne tout. »

VIII.

Ce que coûte aux femmes le luxe de leur toilette.

Nous vous avons montré, Mesdames, ce que coûte parfois de privations à vos maris, à vos familles, le luxe de vos toilettes. Nous savons aussi, et nous l'avons déjà dit, avec quel étrange égoïsme, avec quelle abnégation parfaite vous acceptez tous les sacrifices, toutes les souffrances, quand il s'agit de la mode. Ne l'avouez-vous pas vous-mêmes dans cette singulière mais très-véridique maxime: *Il faut souffrir pour être belle?* Décidément la coquetterie a son fanatisme et ses martyrs. Ce serait donc nous exposer à prêcher dans le désert que de vous dire, par exemple, que rien n'est plus dangereux que les robes décolletées et sans manches, qu'elles ont été inventées apparemment pour grossir la clientèle des médecins et leur tailler de la besogne parmi les jeunes et jolies femmes ; qu'un corset serré à outrance détruit la santé, et tant d'autres considérations hygiéniques de cette nature. Vous bravez tout cela avec une intrépidité effrayante. On dirait, à vous voir jouer avec la vie et la santé, que de même que sur un champ de bataille il y a, au bout de votre courage, la croix d'honneur et la gloire... Ce n'est donc pas sous ce rapport que nous voulons vous montrer ce que coûte parfois le luxe des parures ; ce sont les intérêts de la coquetterie elle-même que nous voulons servir auprès de vous.

A quoi visent les femmes qui vont dans le monde ? — à plaire. N'est-il pas vrai ? — Sachez donc prendre le bon chemin pour y réussir.

A quoi visent les mères qui y conduisent leurs

filles ? à leur procurer un bon établissement. La simplicité pour cela est le bon, nous pourrions presque dire le seul moyen.

Donc l'abus de la toilette peut vous coûter d'une part la perte de vos agréments naturels et vous éloigner ainsi du but que vous vous proposez. D'autre part, cet abus peut détruire à jamais, pour vos filles, toute espérance matrimoniale.

« Les femmes se trompent bien, dit un écrivain que nous avons déjà cité, lorsqu'elles croient s'embellir par l'immodestie ; elles augmentent au contraire singulièrement leurs charmes en les cachant aux yeux ; l'imagination est riche, généreuse et leur rend libéralement au centuple tout ce qu'elles dérobent aux regards. »

Ceci me rappelle un fait qui s'est passé justement ces jours derniers. Un de mes amis était ravi, enchanté de la beauté d'une femme qui lui semblait réaliser le plus pur idéal de la perfection physique. Il ne l'avait vue que dans son salon, et sa robe montante, ses cheveux modestement disposés en bandeaux, son attitude simple et digne, entraient pour beaucoup, sans doute, dans ces traits de madone qui enthou· siasmaient notre artiste. Mais voilà que tout à coup cette admiration fait place à l'indifférence la plus complète. Que s'était-il donc passé? Notre ami avait vu madame la baronne de B. au bal, et tout le charme s'était évanoui. Cette femme, si chastement belle dans son appartement, en montrant ses épaules osseuses, ses bras maigres et rouges était devenue une femme comme toutes les autres, moins jolie même que beaucoup d'autres..... La nature lui avait donné une beauté saisissante, l'art de la toilette la lui enlevait ; sans parure, elle inspirait le respect et l'admiration ; avec ces atours si beaux et si coûteux, elle n'était plus elle, ses avantages réels disparaissaient. Voilà le danger de l'excentricité dans la toilette ; plaçons en regard les avantages de la simplicité. »

« Beaucoup de femmes ne s'aperçoivent pas

d'une chose. C'est qu'au milieu de splendides toilettes, une riche et noble simplicité a beaucoup de succès. — Supposez un salon où toutes les femmes auraient la tête chargée et constellée de pierreries ; qu'une seule arrive avec ses cheveux sans ornement. — Je suppose de beaux cheveux. — Eh bien ! le triomphe sera pour la dernière venue. Une robe unie, noire ou blanche, fera toujours beaucoup d'effet dans un salon où toutes les autres sont splendidement ornées. Cela sort de cadre et on s'aperçoit, assez mélancoliquement parfois, que l'on s'est couverte à grands frais de somptuosités qui relèvent la beauté d'une rivale ; en un mot, on a mis une robe qui va bien aux autres (1). »

Allons, Mesdames, un peu d'énergie pour rompre avec de vieux préjugés ; ne tenez plus si fort à ces robes qui *vont bien*..... *aux autres*. Comprenez vos intérêts ; soyez simples ; la bourse de vos maris, l'avenir de vos enfants

(1) Alphonse Karr.

s'en trouveront mieux, et vous serez plus jolies et plus heureuses. Plus jolies, car l'excessive parure fait ressortir la laideur et transforme en beauté vulgaire la beauté réelle.

Elle ne sied à demi qu'à la médiocrité physique et jamais elle ne rend une femme heureuse ; car au prix de quels regrets, de quels ennuis et de combien de querelles intérieures une femme parvient-elle à satisfaire son amour du luxe. Que de ménages perdus ! que d'avenirs détruits ! que de ruines qui n'ont pas d'autre origine..... (1) !

(1) A l'appui de notre réprobation de tout luxe exagéré et de toute mode excentrique, et au moment même où notre travail est déjà sous presse, nous trouvons l'appréciation suivante dans la presse américaine :

« La valeur intégrale des importations aux États-Unis pendant l'année financière qui a expiré le 30 juin 1856, a été de 314,639,492 dollars, dont 43,624,528 dollars pour articles de toilettes de dames ; quarante-trois millions de dollars, c'est-à-dire à peu près tout le produit des mines d'or de Californie pendant une année, et cette somme aurait plus que suffi pour nous épargner la crise !

« Sur cette somme de 43 millions, il a été payé pour soieries 31,211,766 dollars : pour dentelles et broderies, 6,376,853 dollars ; pour châles, 2,529,771 dollars ; pour

Jusqu'à quand, dit l'auteur des *Délassements permis*, vous laisserez-vous fasciner par des riens et captiver par les séductions de la bagatelle ?

gants, 1,334,550 dollars ; pour fourrures, 867,751 dollars ; pour bijouteries, 844,620 dollars ; pour étoffes de soie et laine, 1,335,247 dollars ; c'est-à-dire que nous avons dépensé 2 millions de dollars de plus pour de la soie que pour du sucre !

« Au reste, cela n'a rien qui doive étonner : les dames américaines aiment le luxe passionnément ; et nous avons vu à bord d'un navire une dame dont le bagage s'élevait à vingt colis énormes d'articles de toilette. Il n'y a pas une princesse au monde qui voyage avec un tel attirail. On a pu remarquer aussi que, tandis que les Anglaises et les Françaises ont, pour circuler dans les rues, des toilettes de ville, les dames américaines balaient les trottoirs avec de magnifiques étoffes de soie, c'est-à-dire qu'elles sortent à pied dans les rues avec des toilettes qui exigeraient un carosse.

« Bagatelles que tout cela ! s'écrie le galant chevalier Cushing, qui s'est fait le champion de ces dames. Est-ce que par hasard la crinoline a ruiné le chemin de fer de l'Erié? Les soieries et nouveautés ont-elles amené la suspension de telle ou telle compagnie ? Ici nous arrêtons le chevalier Cushing pour lui dire qu'en 1854 et 1855, les dames américaines, par leurs caprices, ont été cause de la suspension de magasins de nouveautés et de marchandises fines. Les maisons de Paris et les fabriques de Lyon, Valenciennes et Bruxelles

« Non, le bonheur n'est pas là ; le bonheur est chose de l'âme et non du corps, il ne s'achète pas.

« Le bonheur, ah ! il vient s'asseoir au foyer d'une famille aux goûts modestes, où l'on travaille, où l'on aime, où l'on prie. Là, des joies sans bruit, sans éclat et peu coûteuses viennent réjouir des âmes simples, délicates et sensibles ; là respire une douce paix, parce que les désirs y sont modérés ; là on jouit vraiment, parce qu'on est toujours content de ce que Dieu donne.

« Si quelquefois le luxe vient s'étaler devant les yeux, on se dit alors comme le sage an-

avaient été mises à contribution à outrance pour satisfaire ces dames ; la crise est arrivée ; les importations avaient été trop fortes, les magasins ont été fermés, ils n'avaient pu écouler les articles imprudemment importés en trop grande quantité pour plaire à ces dames.

« Les leçons de l'expérience ne doivent pas être perdues pour ces dames, qui, sans doute, réfléchiront aux inconvénients d'un luxe exorbitant, et le sacrifieront sur l'autel de la patrie. Économisant un peu plus, elles n'en seront pas moins jolies, et le ménage n'en sera que plus aisé. »

5.

tique : Que de choses dont je puis me passer !
et l'on se sent bien riche, riche de ce dont on
n'a ni besoin ni envie.

« Voyez, au contraire, ceux qu'on appelle
fortunés, les élus du bonheur, ceux qui sur leur
passage attirent tous les yeux et font soupirer
tous les cœurs d'envie.

« Qu'ils sont heureux ! dit-on en les suivant d'un long regard. Eh ! mon Dieu, oui, ils
sont bien heureux ; seulement les trois quarts,
du matin au soir, se meurent d'ennui.

« Oh ! voulez-vous un luxe que Dieu bénisse,
un luxe qui donne du bonheur? pratiquez le
luxe de la charité, de celui qui, noblement pro-
digue, s'entoure de frères malheureux comme
cette dame romaine qui s'entourait de ses enfants, disant : Voilà mes joyaux et mes trésors !
Que ce soit le vôtre.

« Il y aurait de quoi faire bien des heureux
avec le bonheur qui se perd dans le monde, »
disait le duc de Lévis. A la lumière de cette
pensée, que chacun s'interroge, et nous serons

étonnés de trouver dans nos mains tant de superflu, d'inutile, qui pourrait sans peine devenir pour d'autres le nécessaire, du pain, de la joie, du bonheur, et pour nous aussi de riches créances pour le ciel. »

Nous voilà bien loin de notre sujet, semble-t-il, et cependant en réalité rien n'a une connexion plus intime avec la matière qui nous occupe que la piété et la charité, ces deux vertus par excellence de la femme, qui lui inspirent sa véritable dignité, qui la complètent en quelque sorte et la sauvegardent des illusions et des déceptions de la vanité et du monde...

Mais si le luxe de la toilette coûte cher aux femmes, c'est bien autre chose en vérité pour les jeunes filles. Autrefois, dans les familles comme il faut, les filles gardaient jusqu'à leur mariage des habitudes de modestie, de simplicité, de réserve. Aujourd'hui, c'est tout autre chose. Mais je cède la plume à l'autorité compétente d'un homme justement célèbre par son rare talent d'observation et de critique : «Je

suis allé, dit-il, un peu dans le monde l'hiver
dernier, et j'ai remarqué dans les habitudes
des jeunes filles des changements qui ne m'ont
pas paru heureux à beaucoup près. Autrefois,
au bal, les jeunes filles étaient toutes vêtues
d'étoffes blanches, fraîches, légères et flottan-
tes qui correspondaient merveilleusement aux
idées d'innocence, de virginité et de chasteté.
Cela faisait penser à des anges enveloppés dans
leurs ailes. Elles n'avaient point de fleurs dans
les cheveux et point de bijoux. Aujourd'hui,
elles portent des robes d'étoffes très-riches et
très-chères dont je ne sais pas trop bien les
noms. Ces robes ne doivent pas paraître trop
de fois dans un hiver.

On rehausse encore tant d'éclat par des
pierreries et de gros bijoux. Les robes blanches n'étaient variées que par des ceintures
roses, blanches, bleues, etc. Tout le luxe
de ces parures consistait en fraîcheur. Une
robe et des rubans ne devaient pas être
plus froissés que ne le sont les ailes d'un papil-

lon qui sort de sa chrysalide. Cela ne disait pas qu'une jeune fille était riche, mais cela donnait à penser qu'elle était propre, soigneuse, pudique, innocente. Mais aujourd'hui, les robes magnifiques, variées, et pour ces deux raisons ruineuses, mêlent d'autres idées aux idées riantes et poétiques qu'inspire la vue d'une jeune fille. On calcule involontairement le total des dépenses faites en robes pendant un hiver, et l'on se demande si l'on est assez riche pour épouser une fille dont la beauté est d'un si coûteux entretien. Beaucoup de filles gardent plus longtemps qu'elles ne le voudraient ce titre respectable, à cause de cet appareil dont elles ornent leurs charmes et qui n'a pour résultat que d'en détruire la puissance sur le plus grand nombre des épouseurs. »

Vous haussez les épaules, Mesdames : il vous semble que vos filles, au contraire, empruntent à ces atours des charmes tout-puissants qui doivent tourner les têtes et fixer les cœurs.

Prenez garde ; c'est un habile sophisme de

votre propre coquetterie qui veut en quelque sorte se justifier en faisant des prosélytes. La simplicité de vos filles vous choquait sans que vous vous en rendissiez compte, et ce n'est pas dans leur intérêt, c'est dans le vôtre que vous vous êtes laissé convaincre que vous deviez les parer comme des châsses. Qu'est-ce donc, mon Dieu, que cette passion de la parure qui atténue dans le cœur de la femme l'instinct le plus pur, le plus sacré, celui de la maternité; qui aveugle une mère à ce point qu'elle ne craint pas de profaner la pureté originelle de sa fille en lui permettant de déposer les voiles de la pudeur et de la modestie, d'ajouter au luxe et à la richesse inconvenante des étoffes ces formes basses et immodestes qui découvrent les épaules et les bras, ces danses qui révoltent les âmes honnêtes et qui arrachent aux hommes les moins chrétiens le blâme contenu dans les lignes suivantes :

« Je vous en demande pardon, Mesdames (1),

(1) *Physiologie du ridicule.*

mais il faut avoir un grand fond d'adoration pour vous trouver encore charmantes à la fin d'un galop, après vous avoir vues secouées pendant une heure de la manière la moins avantageuse à vos attraits et à votre parure, après vous avoir vues passer ou plutôt jeter dans les bras de chaque valseur, pour être reprise plus brusquement encore par le vôtre; tout cela avec le teint cramoisi, les cheveux en désordre, les tempes baignées de sueurs, les vêtements froissés, haletantes et boursouflées; il faut, je l'avoue, bien peu de goût ou furieusement d'amour pour tenir beaucoup à la femme qu'un galopeur vous ramène dans cet état. »

Les hommes pensent et jugent ainsi, et les mères, les mères chrétiennes, restent aveugles...

Pauvres jeunes filles! Ah! que deviendra la morale si, devenues épouses et mères à votre tour, vous n'entendez pas mieux vos intérêts et ceux de la société?

IX.

Pas d'à peu près.

Ecoutez la conversation d'une femme à la mode, et certes, pour peu que vous soyez chrétienne, vous serez scandalisée de l'incroyable mélange qu'elle fait des choses de piété et des plaisirs mondains. Elle s'informe en même temps et du prédicateur qui attirera la foule pendant l'avent ou le carême, et de l'acteur ou de la pièce en vogue qui fera les délices de la saison. Elle va au sermon le matin, au concert l'après-midi, à l'opéra le soir, et trouve la journée admirablement remplie.

Mais, pour justifier le titre de notre chapitre, laissons parler une de vous, Mesdames :

« Nous nous faisons d'étranges illusions sur nos devoirs, dit madame de Gasparin, nous nous efforçons incessamment de substituer l'apparence à la réalité, et l'on croirait, tant nous apportons à cette manœuvre de sollicitude, nous dirions presque de bonne foi, l'on croirait que nous espérons abuser plus facilement que nous ne nous abusons nous-mêmes...

« Ah! nous voudrions montrer aux femmes l'impuissance de l'*à peu près* en toutes choses, et particulièrement en matière de réforme.

« Le devoir ne saurait être abordé que d'une seule manière : en face; accompli que d'une seule façon : *en entier*. On pense, en le partageant par la moitié, partager de même les souffrances qu'il entraîne; il n'en va pas ainsi. Dans la part qu'on choisit, les souffrances sont toutes et toujours; dans celle qu'on rejette, les bons fruits demeurent. Les demi-mesures ne produisent que des tourments. »

Voici un témoignage bien plus explicite encore, et que les personnes qui veulent concilier Dieu et le monde feront bien de méditer :

« Ce qui me choque dans les dévotes, en général, dit Georges Sand dans l'*Histoire de sa vie*, ce ne sont pas les défauts qui tiennent invinciblement à leur organisation ; c'est l'absence de logique de leur vie et de leurs opinions. Elles en prennent et elles en laissent... Quand j'ai été dévote, je ne me passais rien et je ne faisais pas un mouvement sans m'en rendre compte et sans demander à ma conscience timorée si cela était permis. Si j'étais dévote aujourd'hui, je n'aurais peut-être pas l'énergie d'être intolérante avec les autres ; parce que le caractère ne s'abjure jamais ; mais *je serais intolérante vis-à-vis de moi-même,* et l'âge mûr conduisant à une sorte de logique positive, je ne trouverais rien d'assez austère pour moi. Je n'ai donc jamais compris les femmes du monde qui vont au bal, au spectacle, qui *montrent leurs épaules, qui songent à se faire belles, et qui pourtant reçoivent tous les sacrements, ne négligent aucune prescription du culte* et se croient parfaitement d'accord avec elles-mêmes. Je ne parle pas ici des hypocrites, ce ne sont pas des dévotes, je parle de femmes très-naïves à qui j'ai souvent demandé leur secret pour pécher ainsi sans scrupule contre leur propre conviction ; chacune me l'a expliqué à sa manière. Ce qui fait que je ne suis pas plus avancée qu'auparavant. »

Eh bien ! Mesdames, vous le voyez, l'Église et le monde lui-même sont d'accord. Mais ce ne sont pas seulement les hommes graves et sérieux, les femmes mondaines, les critiques et les gens de bon sens qui vous condamnent ; le peuple lui-même vous donne des leçons. Nous vous l'avons déjà laissé entrevoir : la femme du peuple, quelque peu chrétienne qu'elle soit, se déciderait difficilement, pour peu qu'elle fût honnête, à revêtir une de vos robes de bal et à se montrer ainsi en public. Vous-mêmes, lorsque vous vous habillez, vous n'ouvririez pas la porte de votre chambre à une amie, à une fille, à une sœur, sans jeter un fichu sur vos épaules.

Vous rougiriez de vous faire coiffer ou lacer par une femme de chambre, sans revêtir un peignoir ou poser un voile sur votre sein, c'est un sentiment de réserve et de pudeur qu'à défaut même de la religion la nature vous inspire.

Une jeune femme simple et modeste et que le monde trouve très-collet-monté, me racontait ces jours passés qu'ayant ramené de la campagne pour la servir une jeune paysanne, cette fille lui donna un jour une leçon qu'elle n'oubliera jamais. Forcée d'accepter un bal de noces, madame X... fit sa toilette, aidée par la petite paysanne qui se récriait à chaque instant sur la merveilleuse beauté d'une robe de soie de nuance claire chargée de volants, d'une coiffure de fleurs et de dentelles, et de simples bijoux en or qui lui paraissaient des joyaux de reine. Mais quand tout fut ajusté et placé et qu'il ne resta plus que la pelisse à poser sur les épaules : — Ah ! mon Dieu ! madame a oublié son col, s'écrie l'ingénue camériste. Et sur la réponse qu'on ne *met pas de col* pour aller en soirée, la pauvre

fille, confondue, étonnée, n'en peut revenir :
C'est bien dommage, dit-elle, ça gâte tout et
c'est bien laid ! — Que d'hommes, par pa-
renthèse, s'ils n'en disent autant, du moins le
pensent !... Et cependant la robe était beaucoup
trop montante selon la prescription de la mode,
et celle qui la portait ne montrait guère plus
que la naissance d'un cou jeune et blanc.
Qu'eût-ce donc été si la pauvre fille avait vu
une véritable toilette de bal portée par une
femme d'un âge équivoque ? Nous n'osons écrire
l'exclamation qui se fût alors, sans nul doute,
échappée de ses lèvres.

Voilà, Mesdames, les leçons que vous donne
le bon sens populaire : je ne puis comprendre que vous ne soyez pas choquées vous-
mêmes de l'audace avec laquelle, après vous
être exposées le soir à des centaines de regards, le lendemain vous vous croyez dignes
de vous montrer dans le temple du Dieu
des vierges et des anges. Mais ne savez-
vous donc pas que vous vous faites volontai-

rement l'occasion, le motif de fautes graves? Ne savez-vous pas que vous êtes solidaires de tous ces égarements, que vous en rendrez compte à Dieu? Et quel compte!... Cependant c'est ainsi souillées et la conscience chargée que vous approchez du saint autel!... Ah! tremblez, femmes chrétiennes, un semblable mélange est une profanation. Et vous, ministres du Dieu de pureté, ah! je vous en adjure au nom de la religion, au nom de la morale : sortez à cet égard de votre pieuse ignorance ; ne craignez pas de consulter les mondains, ils vous diront la vérité et vous ne laisserez plus surprendre votre bonne foi; et vous répondrez à ces femmes qui vous trompent et se trompent elles-mêmes : — Non, Dieu et le péché ne sauraient faire alliance ; la position sociale peut contraindre à des concessions touchant le luxe, la magnificence des vêtements ; mais elle ne peut jamais excuser que les femmes oublient les saintes lois de la pudeur et se conforment à des modes immodestes.

Quelques-unes de mes lectrices se récrieront peut-être et contesteront que les modes qu'elles suivent soient immodestes. Oh ! mon Dieu, Mesdames, qu'appelez-vous alors modestie et pudeur ? Il faut en vérité que tous les instincts de réserve, trésor précieux et charmant que la Providence a placé dans le cœur de la femme, se soient effacés du vôtre ; il faut que votre sens moral soit bien profondément atteint ; il faut, en un mot, pour employer le langage du monde, que vous soyez *complétement blasées sur toute vertu*, pour que vous en soyez arrivées là !

Un jeune homme me racontait dernièrement la conversation qu'il avait eue, au bal, avec une femme *très-honnête*, disait-il : je ne pouvais croire à une liberté de paroles que je me garderai bien, par respect pour mes lectrices, de rapporter ici. « Dans son salon, me répondit-il en souriant, je m'en serais bien gardé ; elle m'aurait fait jeter à la porte par ses valets. Mais le soir, à la clarté des flambeaux, ces dames peuvent tout entendre. Elles ont laissé leur ange gardien dans leur voiture, avec leurs pelisses. »

Hélas ! cette plaisanterie n'est que trop vraie : vos anges gardiens, effrayés de vos honteuses nudités, vous abandonnent seules contre tant de séductions, et ivres vous-mêmes de l'ivresse que vous communiquez à ceux que le dégoût ne sauvegarde pas, vous croyez rester pures parce que vous vous arrêtez à la dernière limite qui sépare l'honneur mondain de la honte et du péché. Mais est-ce assez aux yeux de Dieu, et cet immoral *à peu près* peut-il vous absoudre même aux yeux du monde ? Si vous l'avez jamais cru, nous espérons que les témoignages que nous venons de citer détruiront votre coupable et dangereuse erreur.

X.

Les hommes font les lois.

Les femmes font les mœurs.

Certes, si nous voulions ici faire l'historique
de l'influence des femmes, il nous serait facile
de démontrer l'exactitude de cette vérité, que
nous pourrions prouver aussi clairement qu'une
solution de mathématiques. Mais ce n'est pas
là notre but : nous constatons le fait, et la réalité de cette puissance de la femme établie de
longue date nous suffit. Bien plus, nous voulons renverser le proverbe et dire qu'il serait
à désirer que pour une fois au moins les femmes tissent la loi. Oui, Mesdames, tout en

ayant horreur des *femmes émancipées*, nous voulons vous ériger en *législatrices* ; nous vous convoquons à une guerre à outrance contre la mode, et ainsi transformées en soldats et en législateurs nous vous conjurons de faire vaillamment et noblement votre devoir. Chaque jour des voix respectées vous convoquent à des œuvres nouvelles, et, messagères fidèles de la charité, on vous voit répondre à tous les appels, propager toutes les idées généreuses et chrétiennes. Oh ! que ma voix aussi arrive jusqu'à vous. Laissez-vous convaincre de cette vérité : toute réforme n'est bonne que lorsqu'elle commence non par la base, mais par le sommet de la société. Avant donc que de songer à régénérer le peuple, à lui former par l'éducation des filles, des épouses et des mères, efforcez-vous de donner vous-mêmes l'exemple. Portez hardiment la réforme dans votre toilette, dans vos habitudes ; soyez chrétiennes dans toute la grande acception du mot : cela ne vous empêchera pas d'être gracieuses et aimées. Tout au contraire, en devenant plus parfaites vous plairez plus sûrement ; le monde et la famille vous béniront en vous admirant.

FIN.

TABLE DES MATIÈRES.

Corbeil, typographie de Crété.